D1690898

Alexander Rischer   Martin Schuppenhauer   Altmark

Alexander Rischer   Martin Schuppenhauer   ALTMARK

mit einem Text von Carsten Probst

material-Verlag, Hamburg

Arensberg

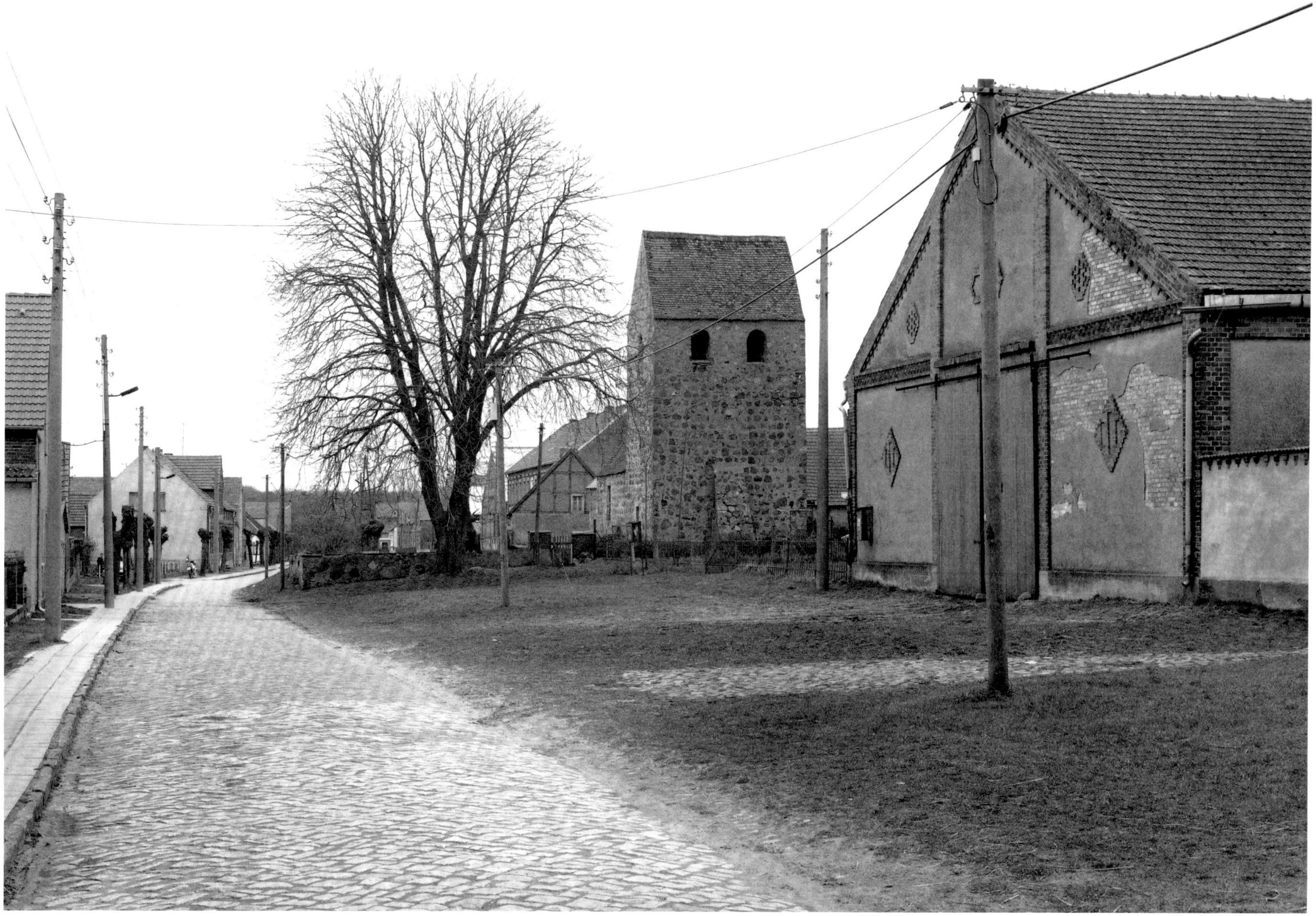

Erxleben

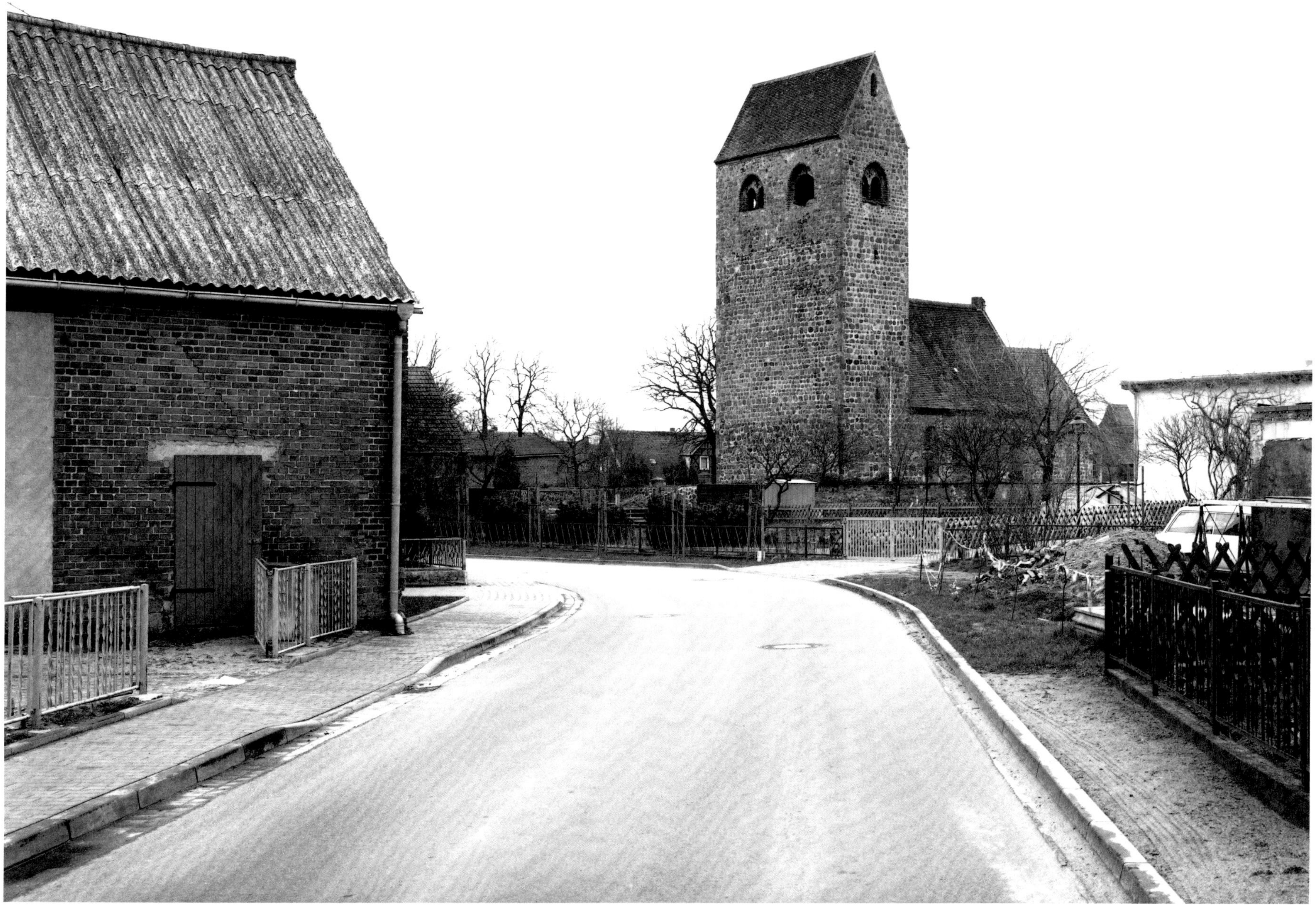

Polkau

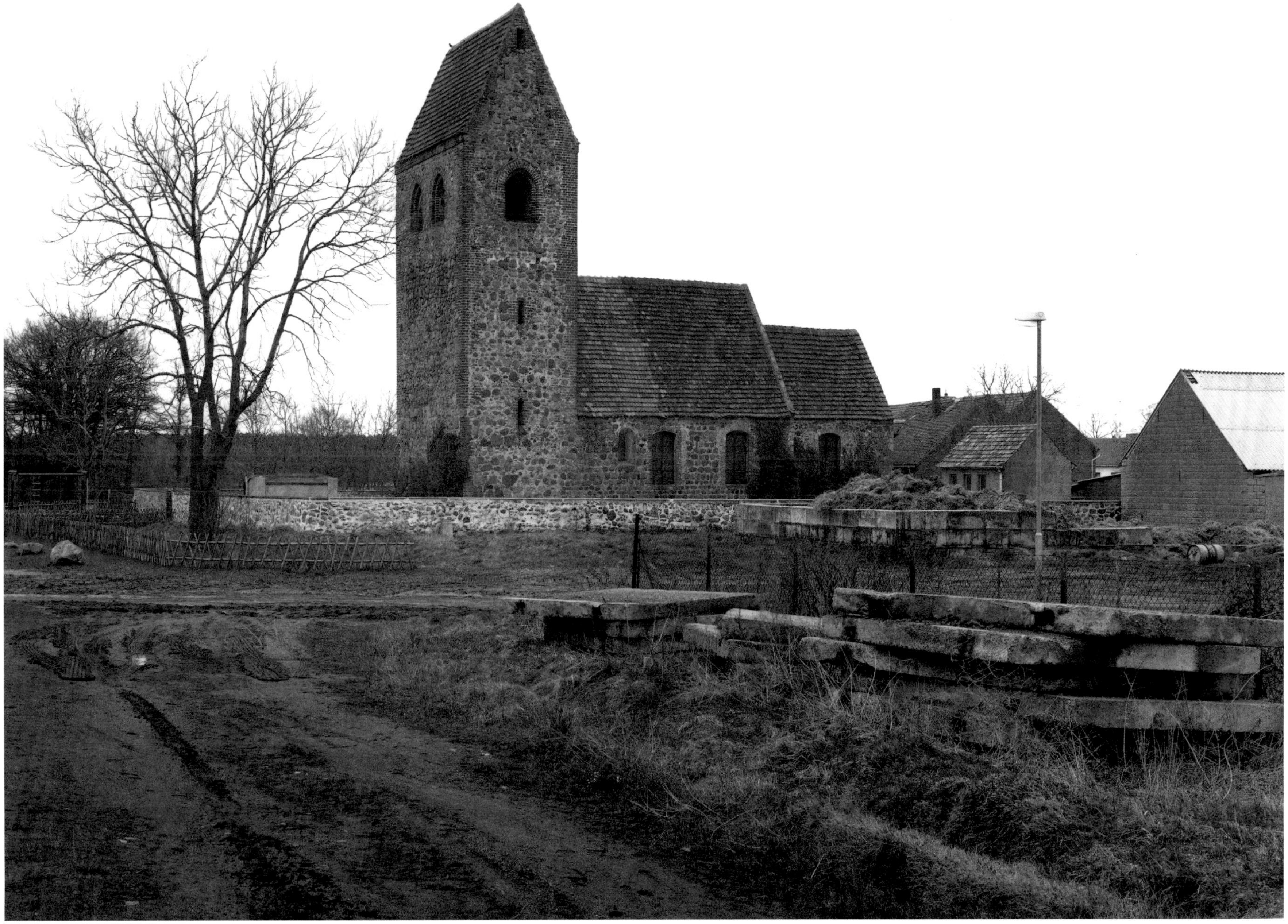

Steinfeld

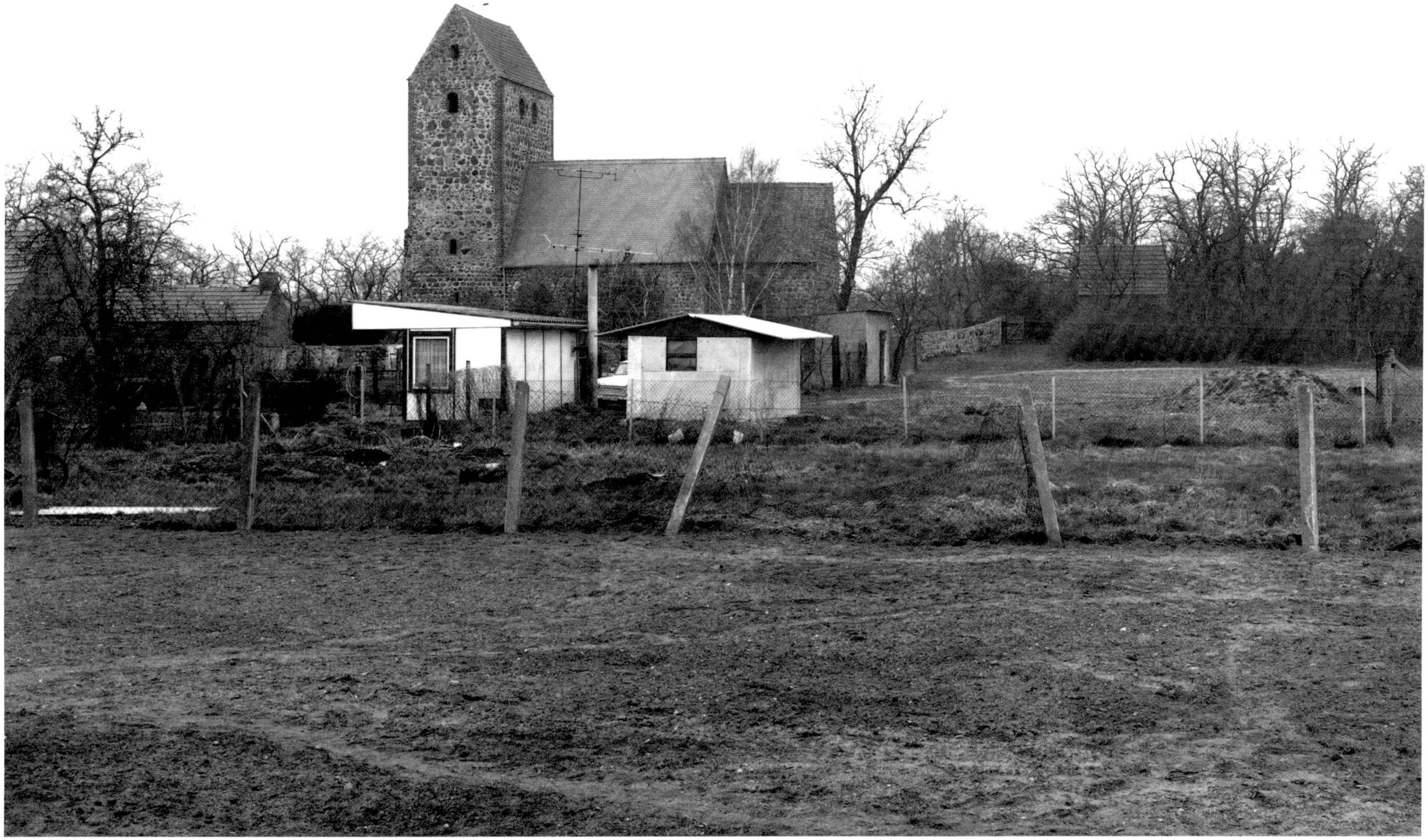

Biesenthal

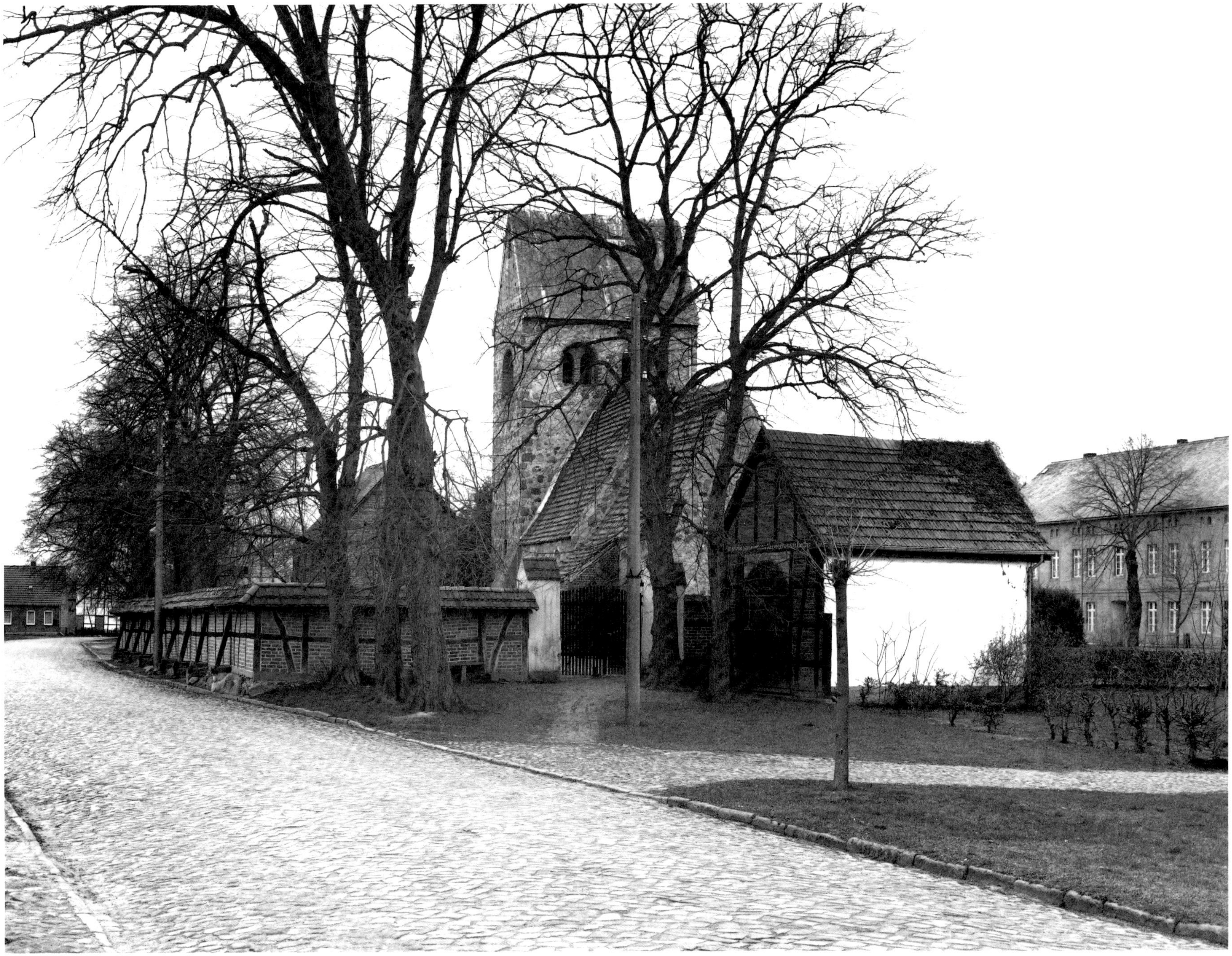

Kläden

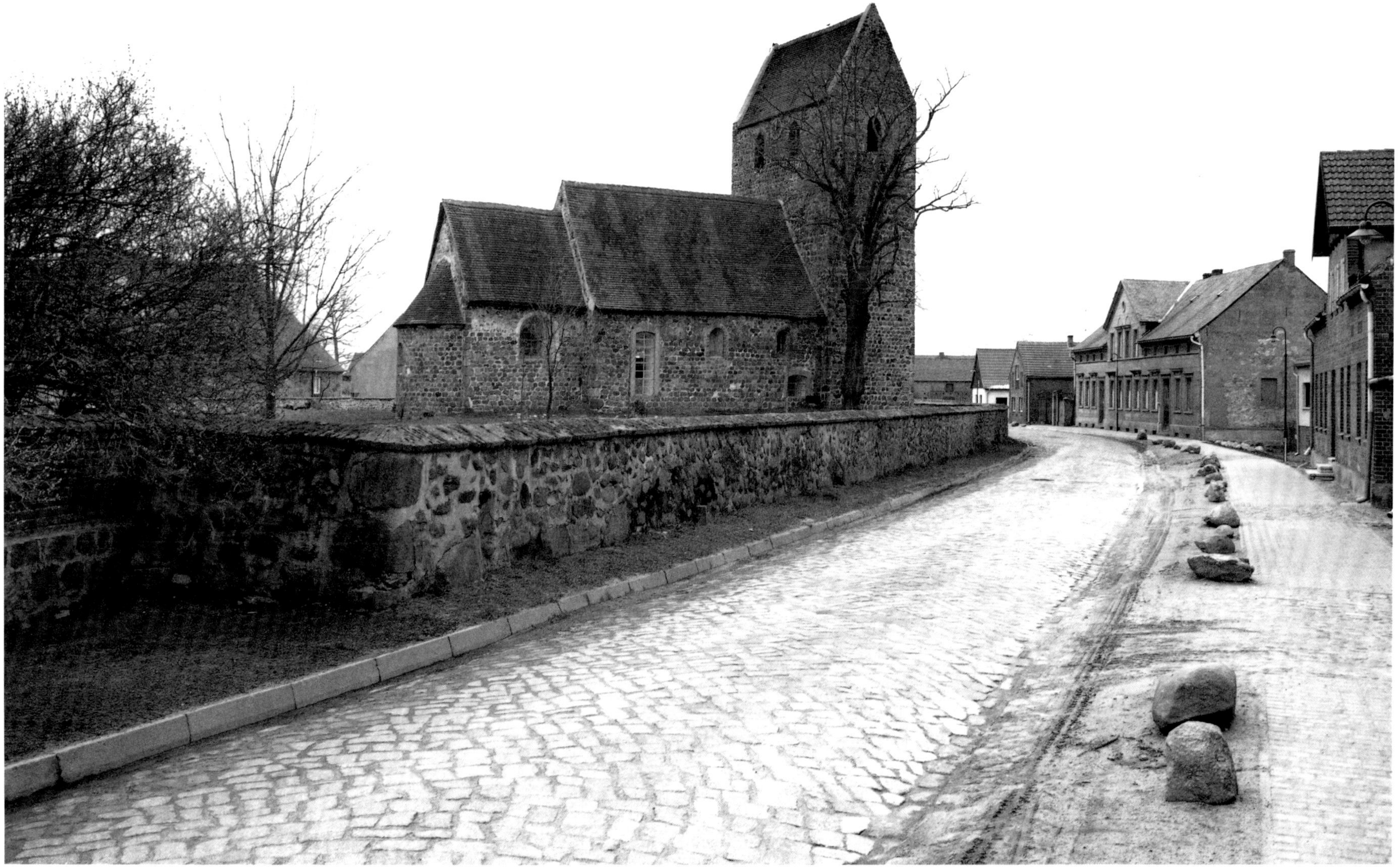

Rochau

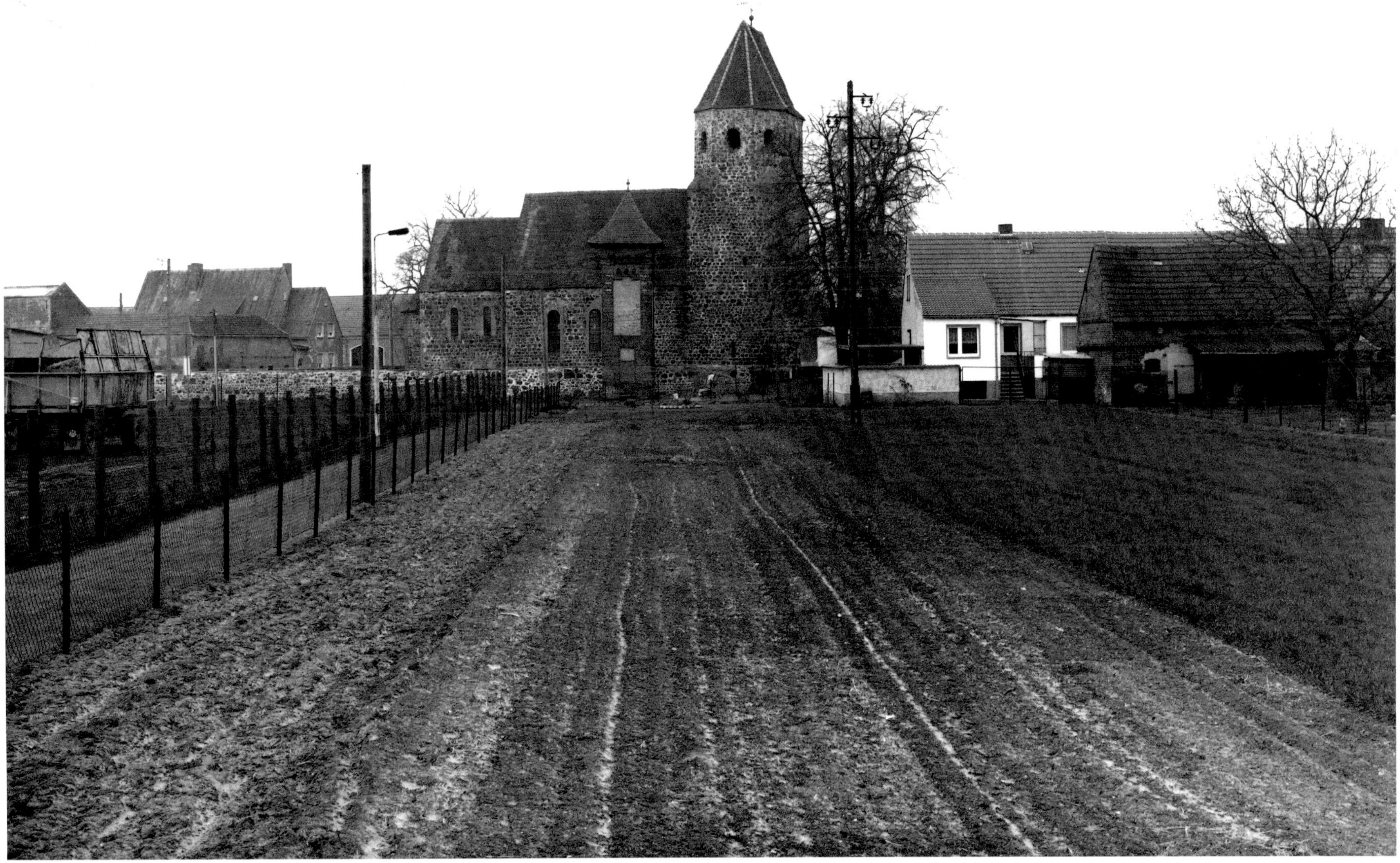

Altmersleben

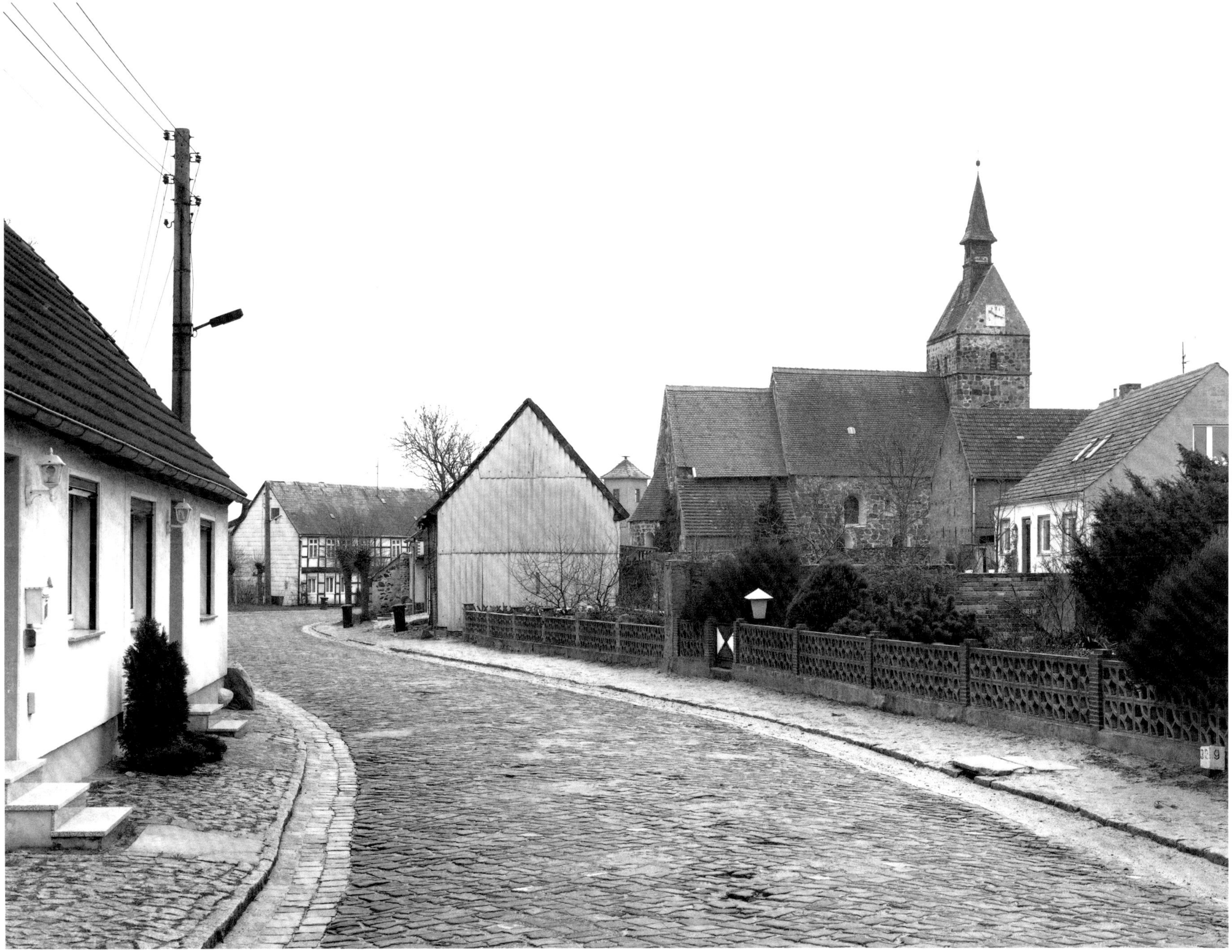

Möllenbeck

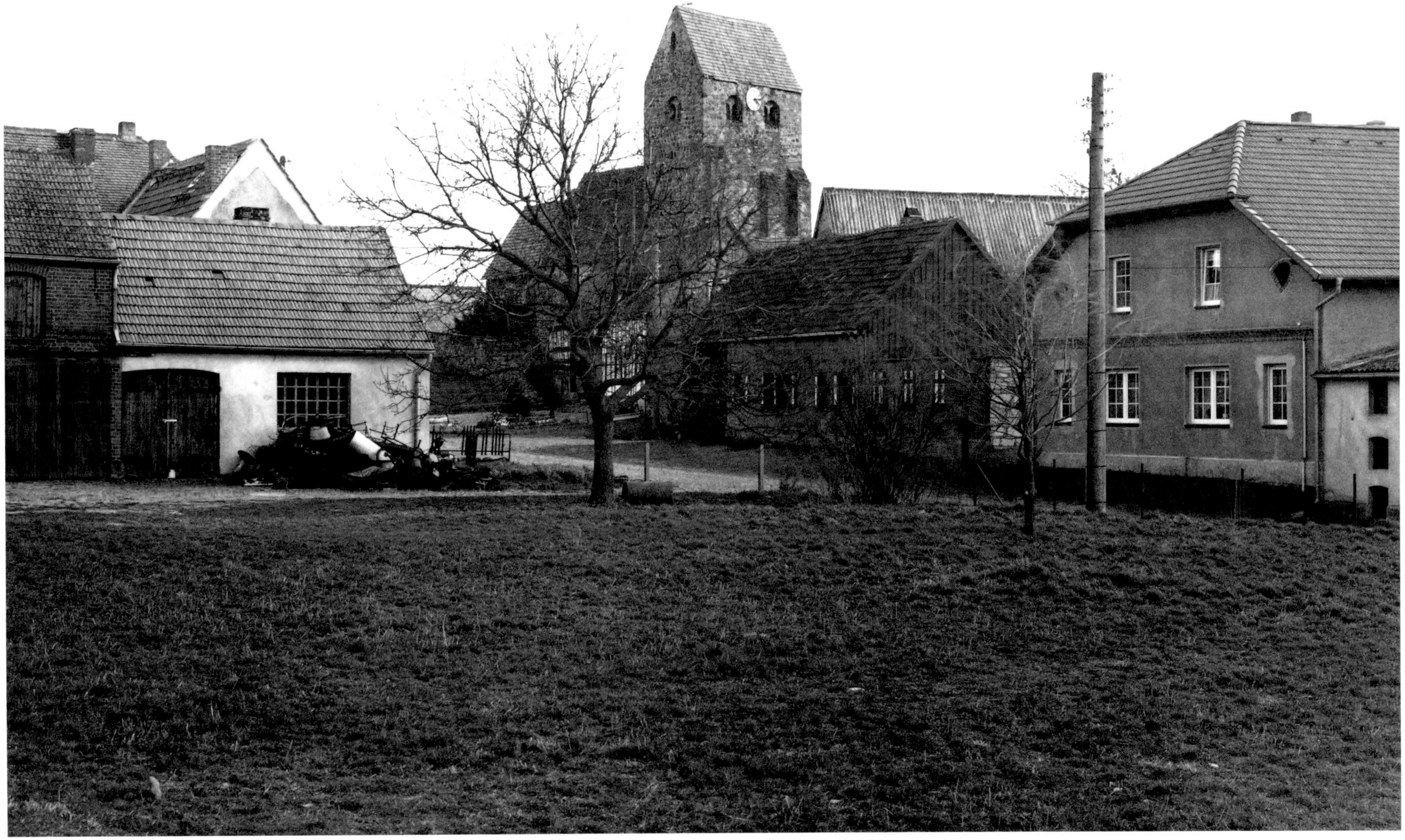

Buchholz

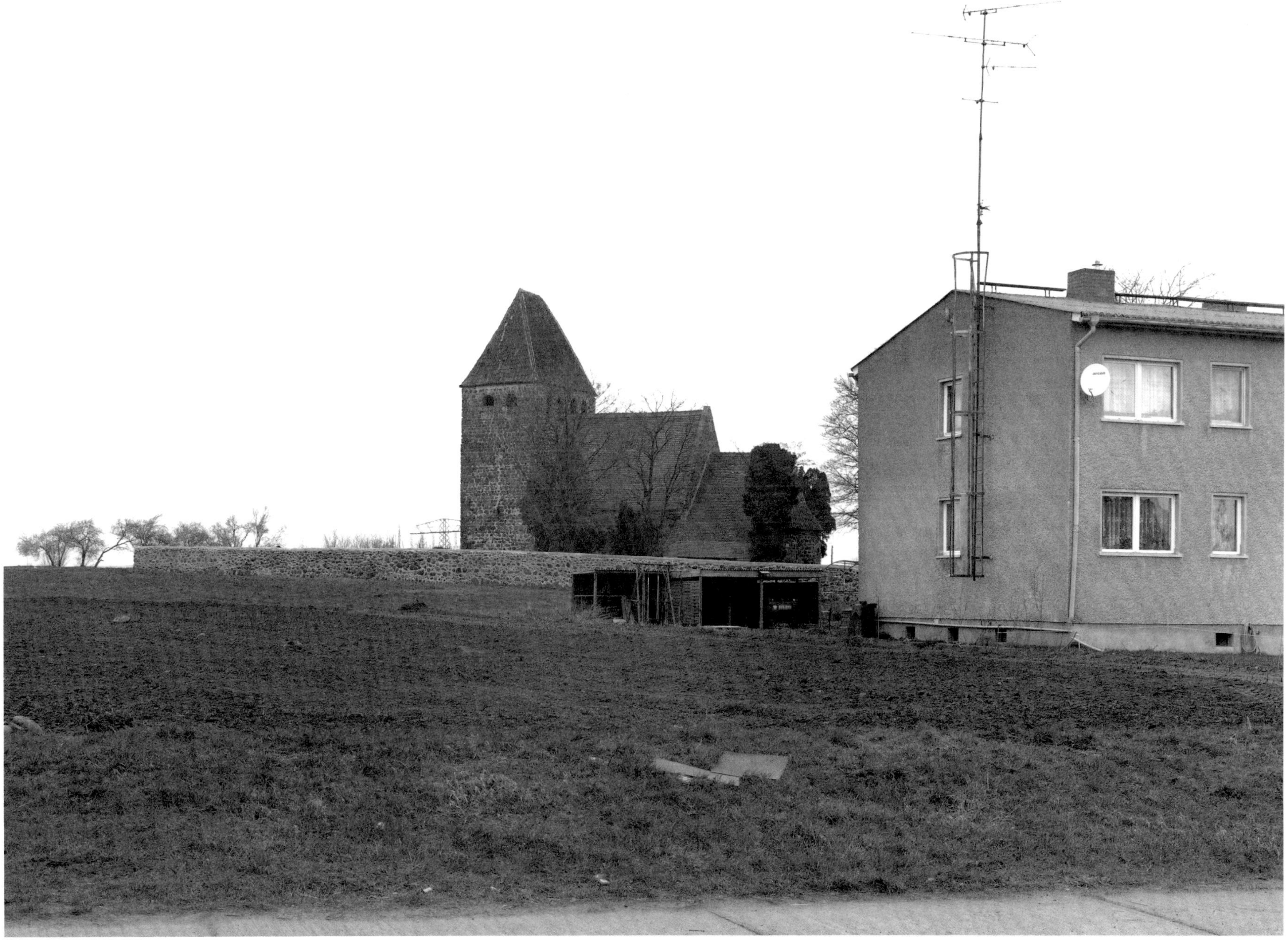

Schinne

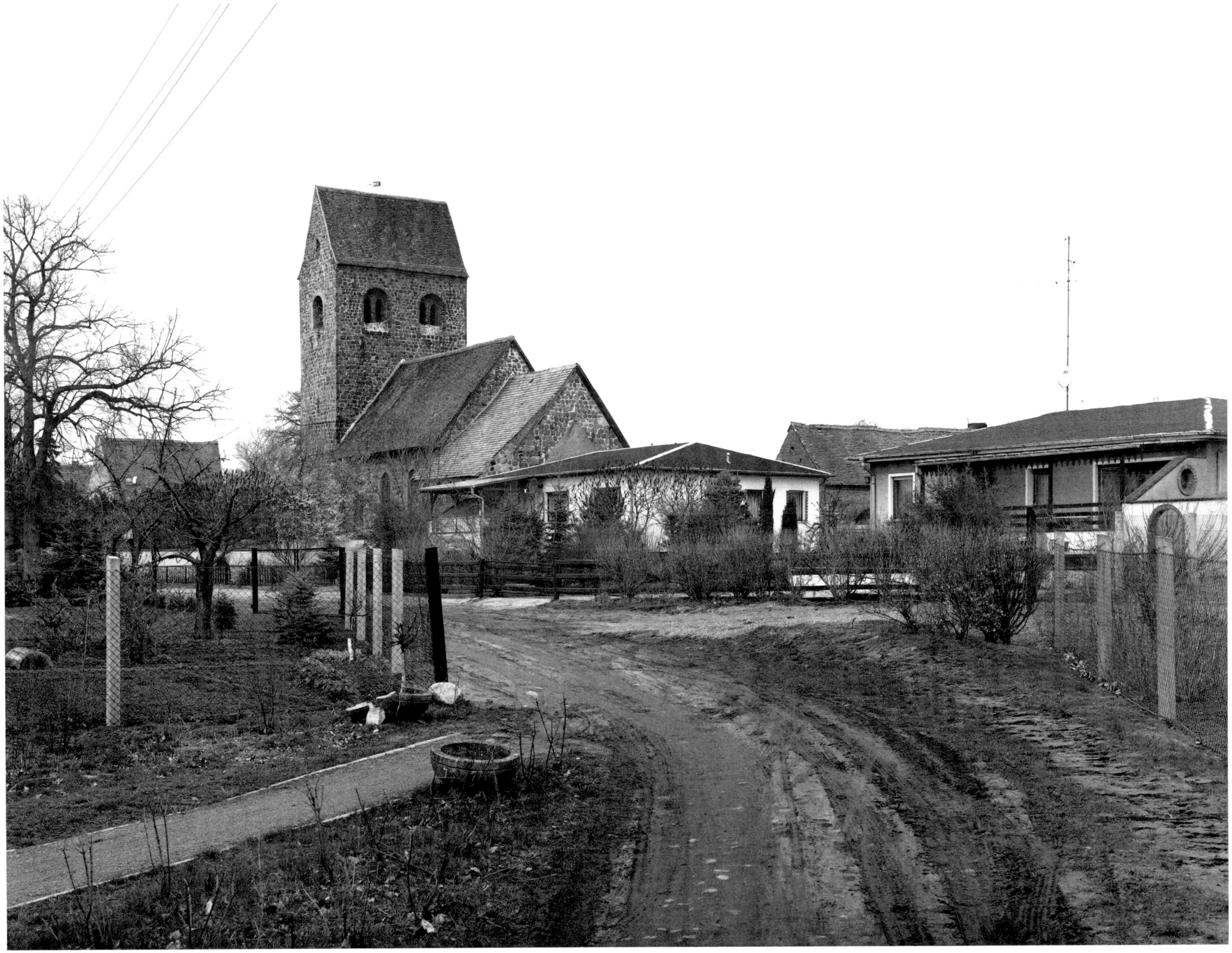

Vissum

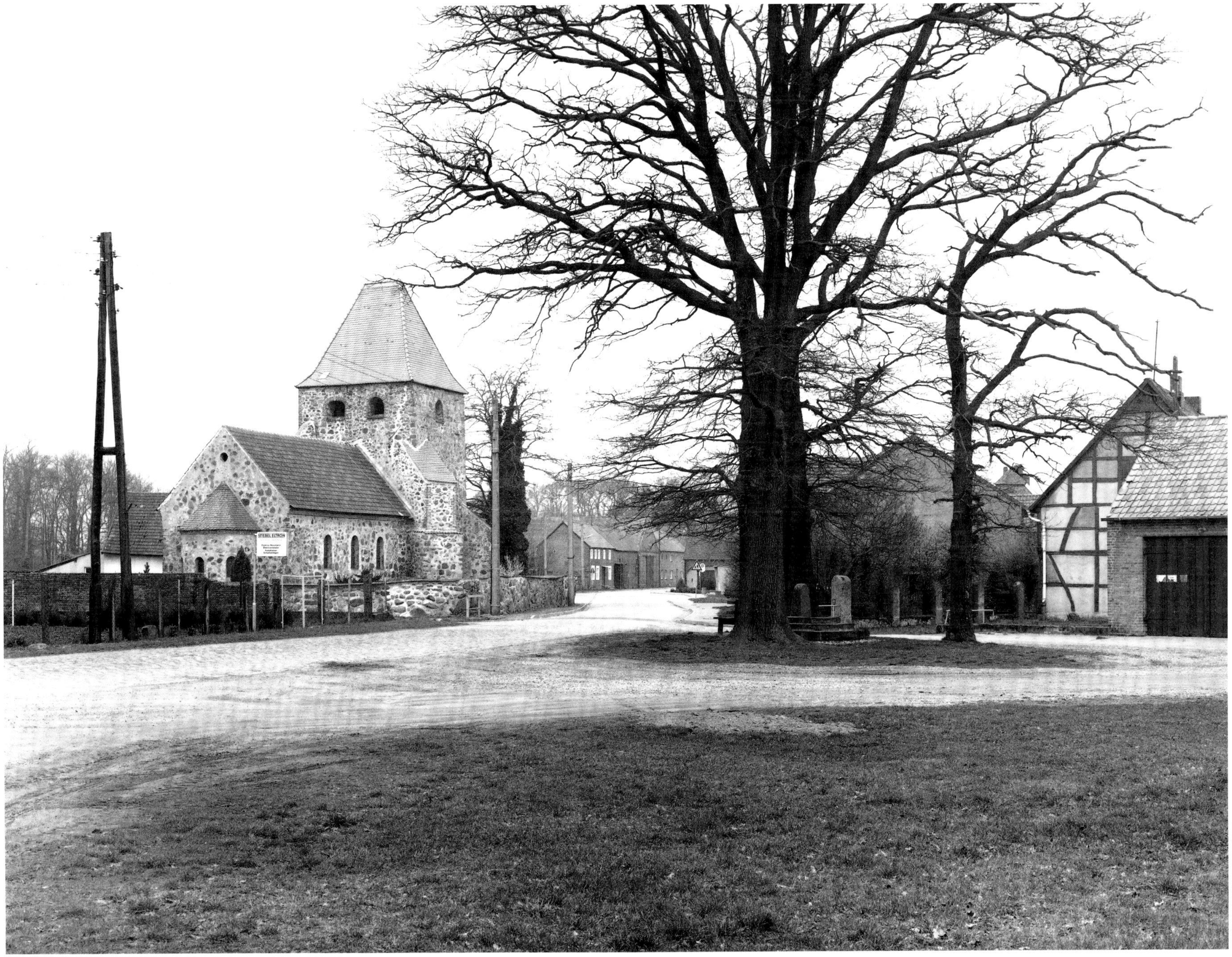
STIEBEL ELTRON

Schorstedt

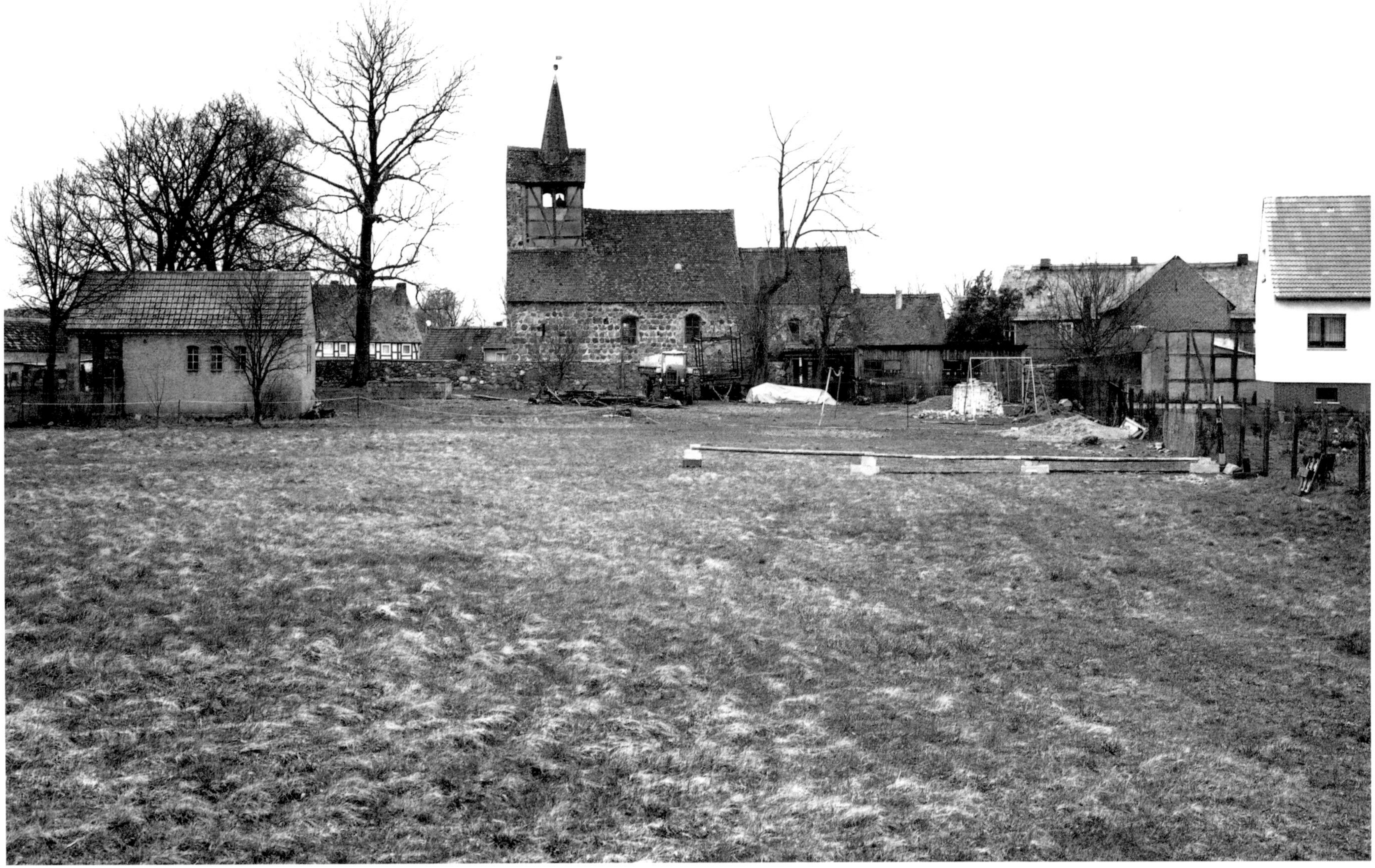

Staffelde

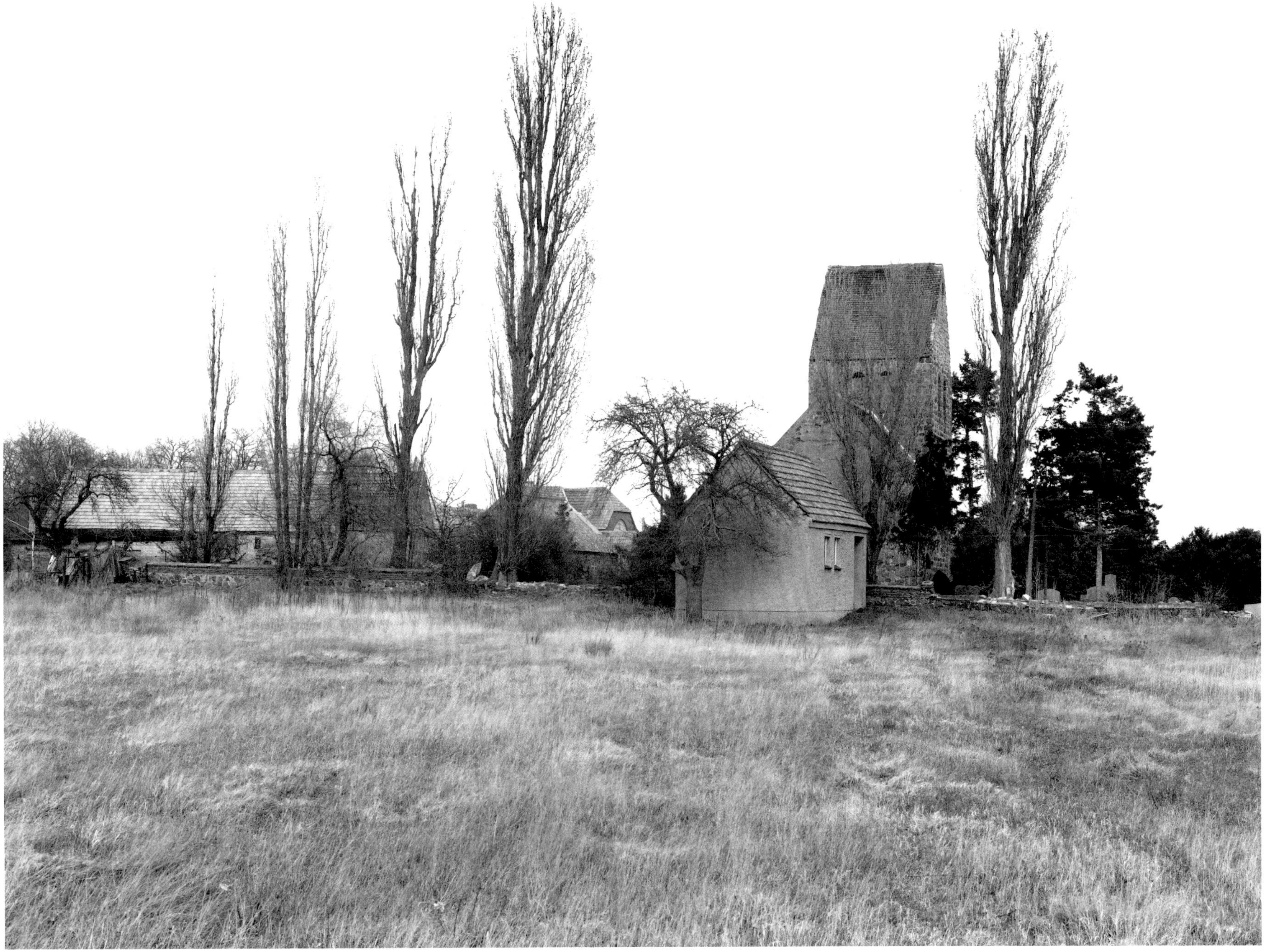

Schernikau

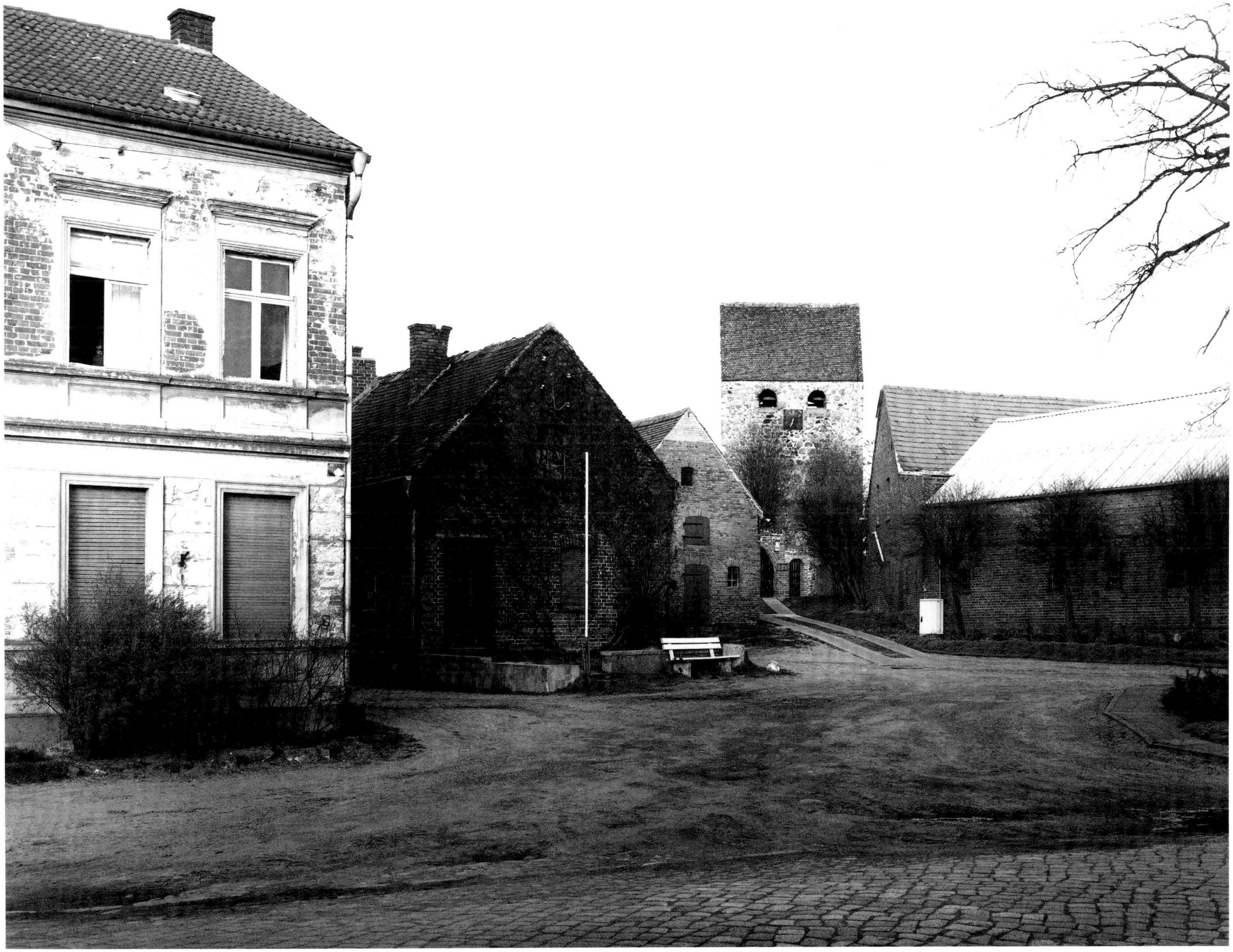

Wollenrade

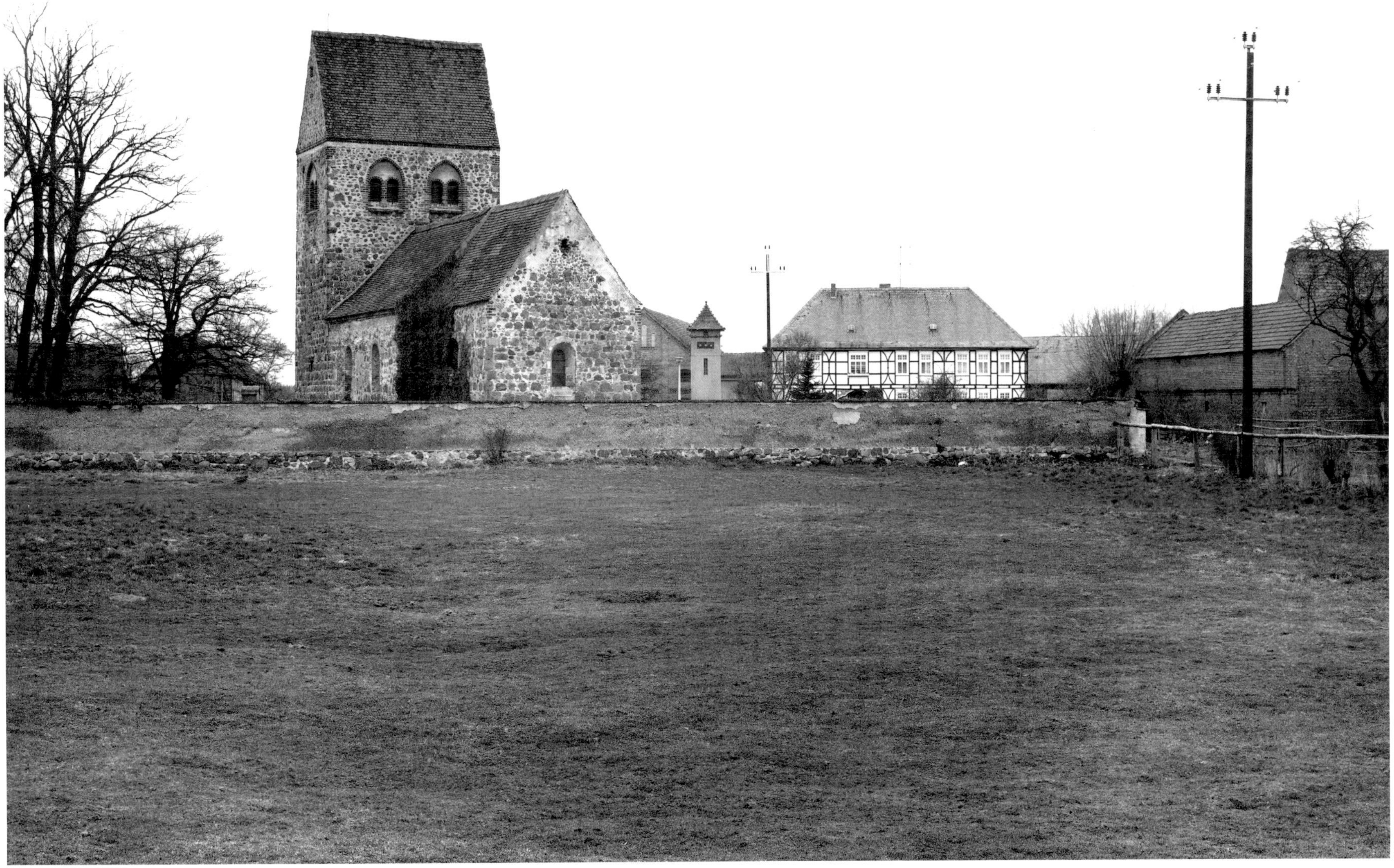

Carsten Probst   Immobile Bewegungen   Dorfkirchenfotografien
von Alexander Rischer und
Martin Schuppenhauer

Ein erster ins Auge fallender Eindruck läßt staunen über den ausgefeilt-rationellen, mitunter poetisch-komprimierten Bildaufbau, bei dem mit den eigentümlich sterotypen Dorfstrukturen geradezu konstruktive Gebilde geschaffen werden. Pointiert könnte man hierin eine „Rück-Entwicklung" jener Prinzipien entdecken, wie sie die frühen Konstruktivisten auf den öffentlichen Raum anwandten, dessen Neugestaltung seinen Ausgang von der gezeichneten Kombination reiner geometrischer Flächen nahm, welche dann auf das zu bebauende Areal übertragen wurde. Ausgerechnet anhand einer eben noch erkennbaren mittelalterlichen Dorfmark in Sachsen-Anhalt, die im Schattenwurf mehrerer Kriege einzigartig überdauert hat, wird hier fotografisch dessen Umkehrung vollzogen. Die Organisation der überschaubaren Zahl wiederkehrender Bausteine (Giebel, Baum, Feld, Straße, Platz) um den Grundtopos der Kirchen-Körper herum schafft eine Modellsituation, jedes Bild ordnet diese in einer bestimmten bildräumlichen Logik an, so daß etwa „Dreiecke" (z. B. Giebel), Geraden und Bögen, „Netze" (Astwerk) etc. ein autonomes System der Korrespondenzen bilden. Der Wechsel von bebauter und unbebauter Fläche formt die örtliche Situation zum abstrakten geometrischen Raum, zum konstruktiven Relief um, vom „realen" Raum also zu den Mysterien der Geometrie. Straßen, Wege und Schneisen spielen dabei eine ‚konstruktive' Hauptrolle, Menschen dagegen ‚erscheinen' nur als die Möglichkeit ihrer Erschließung, nirgends ist jemand zu sehen. Die Trassen und Zwischenräume gehören gleichsam der imaginären „Er-Fahrung" des Blicks, einer multiplen optischen Konstruktion um das „Motiv" Kirche.

Obwohl immobile Objektensembles, handelt es sich scheinbar um bewegliche Dinge, wobei jedes sozusagen einen Hinweis auf die Beweglichkeit eines oder der anderen bildet. Ohne hier große Genealogien aufstellen zu wollen, erkennt man Spuren von Atgets fotografischem ‚Alchemismus': immobile Arrangements durch die Fotografie eben nicht eingefroren, sondern mobilisiert – bis hin zur Anmutung von „Wesenhaftigkeiten" der Dinge, die dem Territorium eine eigene Logik seiner Zusammensetzung suggeriert. Die Versammlung von Bauten als etwas Dia- oder Multilogisches, als hätten sie sich in ihren Stellungen „verabredet" und als wäre die Fotografie den „uralten Geschichten" ihres Platzhalterdaseins auf der Spur. Der Kirchenbau als Hauptakteur, um den sich alles dreht oder der diese Versammlung zu verantworten hat, kennzeichnet die Fiktion, die Ordnung schafft. Der Kirchenbau selbst kann sich zu seinem Bezugssystem der anderen Bauten oder Flächen „figürlich deuten", er erscheint wie ein „riesenhaftes Urtier" auf einer Weide (Buchholz), als „fahrendes Schiff" (Kläden) oder sehr schön als „scheuendes Tier" (Staffelde) usw. Der Bildraum zeigt sich als surrealtheatralischer Handlungsraum dreidimensionaler Gegenstände, und es ist eine Schwelle des Glaubens zu überschreiten, dem pseudo-räumlichen Auge der Kamera als „Zeugen" und „Autor der Fiktion" ist zugleich zu trauen und zu mißtrauen. Umso interessanter, merkwürdiger, da die Orte selbst unvergleichlich Zeugen von „Raum und Zeit" sind und diese 1995 entstandenen Fotografien (noch) nicht das historische Vergnügen bedienen, wie Atgets Bilder.

Die Fotografien enthalten Elemente von Reportage, aber die Fiktionalisierung der Räume braucht keine handelnden Personen, die Menschenleere der Straßen und Plätze bedingt eher noch die poetische Dramatik, die kreatürliche Option der Dinge. Die Orte dieser Bilder beeindrucken durch ihre Verlassenheit, weil die Öde gepflegt ist, wie unbrauchbar gewordene Struktur aus einer anderen Zeit, ihrer eigenen Ordnung dadurch überführt, und ihre Erratik erscheint bisweilen derart extrem, daß die Rezeptionsgewohnheiten ländlicher Strukturen im Bild gar nicht hinterfragt werden müssen, um dem Blick der urbanisierten Peripherie seine eigenen Einschreibungen über das inzwischen vollkommen verwaschene Verhältnis von Landschaft und Siedlung vor Augen zu stellen. Alles hat seine Zeit-Ambivalenz, weil die Ortsbedeutungen nicht mehr zeitgemäß und zugleich doch örtliche Zeugen ihrer Notwendigkeit sind (hier sind immer wieder sprechende Details ins Spiel gebracht: die Sitzbank, die Feuerleiter am Haus, die Steine an der Straße, das Sonnen-Ornament am Gartentor, die Stromverteilerhäuschen usw.). Ein ziemlich eigenartiges kulturhistorisches Phänomen des architektonischen Blicks, das so nur in geteilten oder Vielvölkerstaaten (Korea, Indien, Israel) oder in schockartig entwickelten Regionen sichtbar ist.

Alles das sagt vordergründig nur wenig über die Auswahl des Motivs Feldsteinkirchen. Warum nicht Scheunen oder Gehöfte, warum nicht markante Bäume auf Dorfplätzen? Vom pittoresken Reiz leben diese Bilder nicht. Wahrscheinlich begünstigt kaum ein anderes architektonisches Gesamtarrangement, das die Kirchenbauten selber verkörpern, bauliche Zufälle wie jene historische, hybride Markierung der Landschaft. Kaum deutlicher (allenfalls in mancher halbverfallenen Gartenstadt Ostdeutschlands) ließe sich bei uns das System von örtlicher Zentralität und Dezentralität aufnehmen und zur Bühne seiner selbst wenden.

Die Fotografien in diesem Buch sind im März 1995 entstanden und Teil eines Projektes von Alexander Rischer und Martin Schuppenhauer, in dessen Verlauf seit 1992 neben weiteren fotografischen Arbeiten auch drei Filme entstanden sind.

material 102
edition fotografie
material-Verlag
Hochschule für bildende Künste
Lerchenfeld 2
22081 Hamburg

Herausgeber: Silke Grossmann, Hans Andree, Philipp Pape
Reproduktionen: NovaConcept, Berlin
Druck: Dierk Heigener GmbH
Auflage: 500 Exemplare

© 1999 bei Alexander Rischer und Martin Schuppenhauer
  für die Fotografien
© 1999 bei Carsten Probst für den Text

ISBN 3-932395-06-9

Wir danken dem Freundeskreis der Hochschule für bildende
Künste, Hamburg für seine finanzielle Unterstützung.

Mit freundlicher Unterstützung durch NovaConcept,
Dieter Kirchner, Berlin

In der Reihe edition fotografie ist bereits erschienen:
Kilian Breier: Ronchamp/Les Baux, 1997

material 102
edition fotografie
material-Verlag
Hochschule für bildende Künste
Lerchenfeld 2
22081 Hamburg

Herausgegeber: Silke Grossmann, Hans Andree, Philipp Pape
Reproduktionen: NovaConcept, Berlin
Druck: Dierk Heigener GmbH
Auflage: 500 Exemplare

© 1999 bei Alexander Rischer und Martin Schuppenhauer
  für die Fotografien
© 1999 bei Carsten Probst für den Text

ISBN 3-932395-06-9

Wir danken dem Freundeskreis der Hochschule für bildende Künste, Hamburg für seine finanzielle Unterstützung.

Mit freundlicher Unterstützung durch NovaConcept,
Dieter Kirchner, Berlin

In der Reihe edition fotografie ist bereits erschienen:
Kilian Breier: Ronchamp/Les Baux, 1997